SHIÉ KASAI
SURVIVAL JAPANESE COOKING

MAI (MONTRÉAL, ARTS INTERCULTURELS)

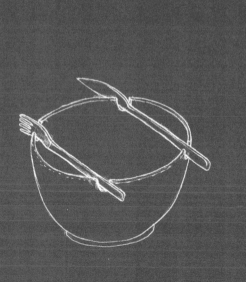

TABLE DES MATIÈRES [TABLE OF CONTENTS]

77%

74%

56%

53%

47%

37%

36%

36%

$12

36

36

to overlay the results

36 inches

maple

non

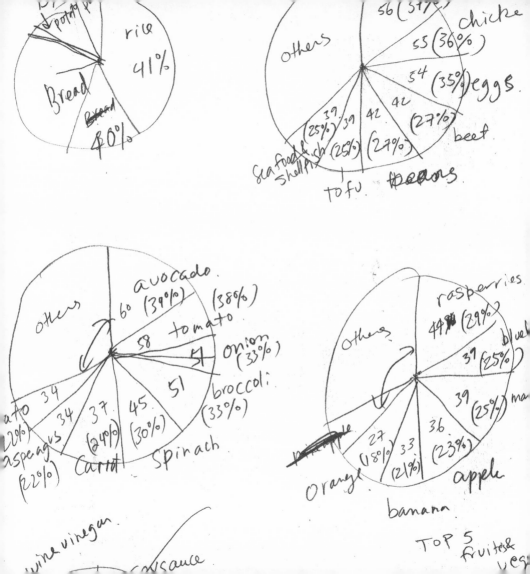

REMERCIEMENTS

J'aimerais remercier Shié Kasai pour son exposition riche et ambitieuse. C'était un vrai plaisir de travailler avec cette artiste talentueuse et de découvrir son point de vue artistique fort original. Mes remerciements à Tatiana Mellema dont l'œil lucide amène une analyse profonde et nécessaire à l'œuvre de Shié dans son texte « Cuisiner le culturel. » Comme toujours, Pata Macedo m'a impressionné avec sa conception graphique sensible ainsi que son énorme patience face aux plus petits détails qu'il fallait régler pour que la publication soit la plus « parfaite » possible. Le MAI remercie le Conseil des arts du Canada pour le soutien accordé à l'exposition *Survival Japanese Cooking* dans le cadre de leur programme Inter-Arts en 2008-2009. Finalement, cette publication a été réalisée dans le cadre de notre Programme d'accompagnement qui bénéficie du soutien financier du ministère de la Culture, des Communications et de la Condition féminine du Québec et de la Ville de Montréal dans le cadre de l'Entente sur le développement culturel de Montréal 2008-2011. – ZOË CHAN

J'aimerais remercier l'équipe du MAI, tous ceux qui ont rempli le sondage, mes amis qui partagent avec moi leur amour pour la nourriture, Yvette Poorter (This Neck of the Woods), Jenny Lin, Dac Chartrand et ma famille. – SHIÉ KASAI

ACKNOWLEDGEMENTS

I would like to thank Shié Kasai for her ambitious, multi-layered exhibition. It was a true pleasure to work with this talented artist and discover her unique artistic point of view. Thank you to Tatiana Mellema whose clear eye brings a much-needed critical perspective to Shié's work in her essay "Cooking through the Cultural." As always, Pata Macedo impressed me with her sensitive design and supreme patience in dealing with all the finicky details necessary to making this publication as "perfect" as possible. The MAI thanks the Canada Council for the Arts for their support of the exhibition *Survival Japanese Cooking* within the framework of their 2008-2009 Inter-Arts program. Finally, this publication was made possible thanks to the MAI's Mentorship Program, which is funded by the Ville de Montréal and the Ministère des communications et de la culture du Québec, as part of the Entente sur le développement culturel de Montréal 2008-2012. – ZOË CHAN

I would like to thank the MAI staff, all those who filled out the survey, my friends who share their love for food with me, Yvette Poorter (This Neck of the Woods), Jenny Lin, Dac Chartrand, and my family. – SHIÉ KASAI

PRÉFACE

ZOË CHAN

Ayant quitté le Japon pour s'installer à Montréal à la fin des années 1990, l'artiste Shié Kasai a été témoin de la popularité croissante du sushi au Canada. Étant donné l'érosion relative de son statut exotique en Amérique du Nord, le sushi, aujourd'hui omniprésent et considéré comme du fast-food, représente la lentille idéale à travers laquelle on peut examiner certains enjeux liés à l'authenticité culturelle, à l'hybridité et à l'orientalisme. Dans une tentative de définir avec précision la cuisine canadienne, Kasai a concocté des sushis à l'aide d'un mélange d'ingrédients—hot dogs, frites, samosas—réunis à partir de réponses obtenues lors d'un sondage qu'elle a effectué auprès des Montréalais concernant leurs habitudes alimentaires et leurs mets préférés. Les résultats de ces expérimentations culinaires ont en partie servi d'inspiration à *Survival Japanese Cooking* de Kasai, une exposition individuelle tentaculaire présentée au MAI en 2008, qui faisait appel à la peinture, à la vidéo, à l'animation, à la photographie et à la sculpture.

Survival Japanese Cooking peut se considérer à partir du modèle de l'artiste anthropologue en raison des références et de l'utilisation que fait Kasai de méthodes de recherche objectives comme les sondages, les graphiques circulaires et les documents photographiques. Ce faisant, Kasai perturbe avec insolence le regard ethnographique occidental posé sur le soi-disant Autre et qui rend ce dernier exotique, en reconduisant stratégiquement ce regard sur la culture grand public nord-américaine. Dans cette tâche impossible consistant à qualifier la nourriture canadienne de ceci ou de cela, elle procède à une critique ludique de certaines notions de culture authentique qui sont essentialisantes et limitatives. De plus, elle révèle l'absurdité de l'idée de pureté culturelle, compte tenu de l'histoire de l'immigration au Canada, histoire qui se poursuit et dans laquelle elle joue elle-même un rôle.

Survival Japanese Cooking est également le fruit de la passion personnelle de Kasai pour la nourriture et du grand plaisir qu'elle prend dans la culture qui l'entoure (marchés, restaurants, lunchs spéciaux, menus, entre autres), en tandem avec sa curiosité pour les pratiques culinaires et les ingrédients utilisés par diverses communautés. Selon sa charmante description, le fait de faire son épicerie dans une nouvelle ville serait comme jeter un coup d'œil dans ses « frigos culturels », qui sont autant de points d'entrée inattendus à la composition et aux mœurs d'une société. Dans *Survival Japanese Cooking*, la nourriture et l'acte de manger composent une métaphore simple mais puissante des rencontres interculturelles, parfois agréables, parfois difficiles, qui se jouent entre les gens au niveau de la rue sur une base quotidienne, contribuant ainsi à l'évolution de la société. De cette manière, Shié Kasai célèbre la diversité de facto de la population d'un centre urbain comme Montréal, de même que l'hybridité qui y existe dans la pratique.

PREFACE

ZOË CHAN

Having moved to Montreal from Japan in the late 1990s, artist Shié Kasai was witness to the rise of sushi's popularity in Canada. Given the relative erosion of its exotic status in North America, the currently ubiquitous sushi—now considered fast food—is arguably an ideal lens through which to examine issues of cultural authenticity, hybridity, and Orientalism. In an attempt to pin down Canadian cuisine, Kasai concocted sushi using a mishmash of ingredients—hot dogs, French fries, samosas—based on the answers to a survey she conducted with Montrealers about their eating habits and favourite foods. The results of these culinary experiments were in part the inspiration for Kasai's *Survival Japanese Cooking*, a sprawling solo exhibition at the MAI in 2008 that brought together painting, video, animation, photography, and sculpture.

Survival Japanese Cooking can be considered according to the model of the artist-as-anthropologist by virtue of Kasai's referencing and usage of such supposedly objective research methods as surveys, pie charts, and photo-documentation. By doing so, Kasai cheekily upsets the Western exoticizing ethnographic gaze on the so-called "other," by strategically focusing this gaze on mainstream North American culture. In the impossible task of defining Canadian food as this or that, she playfully critiques essentializing and limiting notions of authentic culture. Moreover, she reveals the absurdity of the notion of cultural purity given Canada's history of immigration, an ongoing history in which she herself plays part.

Survival Japanese Cooking also stems from Kasai's own personal passion for food and her delight in its surrounding culture (markets, restaurants, lunch specials, menus, and so on), in tandem with her curiosity vis-à-vis the culinary practices and ingredients used by various communities. She charmingly describes grocery shopping in a new city as taking a peek into "cultural fridges"—unexpected points of entry into a society's make up and mores. In *Survival Japanese Cooking*, food and the act of eating function as a simple yet potent metaphor for the intercultural encounters—sometimes congenial, sometimes difficult—that play out at street level on a daily basis between people, thus contributing to the evolution of a society. In this way, Shié Kasai celebrates the de facto diversity of the population of an urban centre like Montreal, and the hybridity in praxis that exists there.

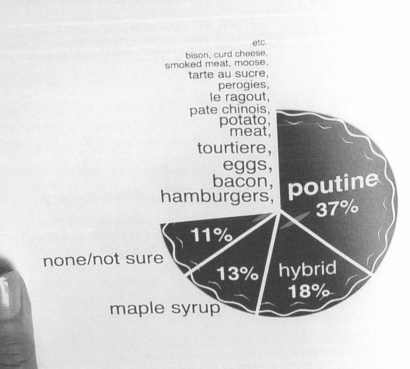

etc.
bison, curd cheese,
smoked meat, moose,
tarte au sucre,
perogies,
le ragout,
pate chinois,
potato,
meat,
tourtiere,
eggs,
bacon,
hamburgers, **poutine** 37%

11%

none/not sure

13% hybrid 18%

maple syrup

20

…say, Canada is made up a mixture of people from many different countries, who have all brought their traditions and recipes with
them. So you can eat almost anything in Canada. But some interesting things in Quebec that you can't find everywhere else are poutine
and tourtierre. Shepherd's Pie on the English side is something I associate as "Canadian" too.

---L'hybridation, l'adaptation des cuisines étrangères à notre goût, et
le contraire, la transformation des plats traditionnels québécois au
moyen d'ingrédients exotiques.

---It is the only thing that keeps me alive when it gets to minus-forty.

---Un après-midi bien arrosé à la cabane à sucre.

---Cuisine traditionelle est hivernale et constituée généralement de
viande et de racines (navet, betterave), de patates. Généralement
riche et nourrissante. Influencée par une culture britannique teintée
d'américanisme.
Autrement, grande variété et mélanges des influences. Bâtie sur l'immigration. Plus on se rapproche des grands centres, plus la diversité
se fait sentir.

---Des plats cuisinés de style européen, mais plus simples: c'est une
mélange de plusieurs cuisines, mais en général ce serait une viande
préparé avec un légume et du riz ou des pommes de terre. je ne parl
surtout pas de poutine.

---C'est difficile! La belle chose ici c'est la grande variété de mets de
différentes cultures qu'on peut essayer. Moi je dirais que la cuisine
canadienne est mieux représentée par cette variété, et pas néces-
sairement par un plat en particulier. Il y a certainement des spécial-
ités régionales, mais ils sont trop locaux pour représenter le pays de
facon compréhensive.
---Nothing special! Canadian food is the same as American food, bad
fast food.

---This is a tough question. I am second-generation Canadian with
northern European roots. I would say that authentic Canadian cuisine is actually a based on what we can produce in this country –

DÉMARCHE ARTISTIQUE

SHIÉ KASAI

Je ne suis pas retournée au Japon depuis 1998. J'habite ici depuis assez longtemps pour en avoir fait ma terre d'adoption. Pour tout ce dont je m'ennuie, il y a des substituts et j'assume ces compromis.

La chose commune dont s'ennuient tous ceux qui vivent à l'étranger est probablement la cuisine de chez eux. Je ne fréquente pratiquement jamais les restaurants japonais. Ils me paraissent tous étrangers parce que la plupart du temps, ce sont des restaurants de « style » japonais tenus par des Canadiens. À cause des ingrédients substituts utilisés, les mets que je mange au Japon n'ont pas le même goût de ceux préparés au Canada. Je préfère payer pour des plats qui sont nouveaux pour moi plutôt que pour des imitations japonaises que je peux cuisiner moi-même. Ayant la chance d'aimer cuisiner, je peux aisément survivre peu importe où j'habite.

Lorsque je voyage à l'étranger, j'aime aller aux marchés locaux et aux épiceries. Pour moi, c'est comme de visiter un musée. Visiter un supermarché est l'équivalent de regarder à l'intérieur d'un réfrigérateur culturel. Je découvre ce que les gens mangent, comment les produits sont présentés et emballés. Ainsi je perçois une impression générale de leurs goûts.

La nourriture exotique a une aura qui ne lui est pas propre. Elle découle de ses attributs externes telles les notions d'authenticité et de nouveauté. Avec l'immigration de masse et la nature multiculturelle de la société canadienne, l'expérimentation alimentaire devrait être indépendante de tout lieu et rituel. La consommation de masse et la mondialisation auraient dû nous mener à un bouleversement de cette aura.

Pourtant, c'est loin d'être le cas. Les gens me demandent souvent, aussitôt qu'ils savent que je suis japonaise, de leur recommander le meilleur restaurant de sushis en ville. On peut trouver un restaurant de sushi à peu près à chaque coin de la rue Mont-Royal. Le sushi est très populaire et probablement ce qui est le plus connu de la cuisine japonaise, ou du moins considéré comme étant japonais.

En réponse à cette perception commune de ce qui est perçu comme étant japonais, je vais faire des sushis que je considère être très canadiens. J'habite à Montréal depuis un bon moment déjà et pourtant, cette ville demeure mystérieuse à mes yeux. Je découvre encore d'étranges légumes et des produits inconnus. Je vais choisir tous les ingrédients d'un supermarché local, sans aller dans aucun marché d'alimentation asiatique. Je m'engage à ne choisir que des produits canadiens et/ou québécois.

Le sushi se présentera donc sous une nouvelle forme hybride, devenant encore plus exotique en essayant de l'être moins, avec ma propre perception exotique du Canada.

ARTIST STATEMENT

SHIÉ KASAI

I have been away from Japan since 1998. I have lived here long enough to make my own home. For the things I do miss, there are substitutes, and I live with those compromises.

One common thing missed by people living in foreign countries would probably be their own food. I hardly eat at Japanese restaurants. They all appear foreign to me because most of the time they are Japanese-themed and operated by Canadians. Due to the substitute ingredients used, the food I eat in Japan, and the Japanese food prepared in Canada do not taste the same. I prefer to pay for unfamiliar dishes rather than dishes "dressed" as Japanese as I can make these myself. I am lucky enough to like cooking so I can survive wherever I live.

When I travel foreign countries, I like going to local markets and grocery stores. To me, it's like visiting a museum. Visiting a supermarket is like looking at the inside of a cultural fridge. I get to learn what people eat, and how the products are designed and wrapped. In this way, I get a general impression of their tastes.

Exotic food has an aura not inherent to the food itself, but rather in external attributes such as authenticity and foreignness. With mass immigration and the resulting multi-cultural Canadian society, the experience of food should be free from place and ritual. Mass consumption and globalization should have lead to a shattering of the aura.

Yet this is clearly not the case. As soon as they know that I am Japanese, people often ask me to recommend the best sushi place in town. We can find a sushi take-out on almost every block on Mont-Royal Street. Sushi is very popular and it is probably the best known Japanese food, or at least it is considered Japanese.

In response to this common understanding of what is considered to be Japanese, I will make sushi which I consider to be very Canadian. I have lived in Montreal for some time now yet the city still remains mysterious to me; there are always some surprising encounters with strange vegetables and unknown products. I will choose all the ingredients from a local supermarket, without going to any Asian specialty stores. I will commit myself to choosing only Canadian or Québécois products.

The sushi thus becomes another kind of hybrid, becoming more exotic by trying to be less so, with my own exotic perceptions of Canada.

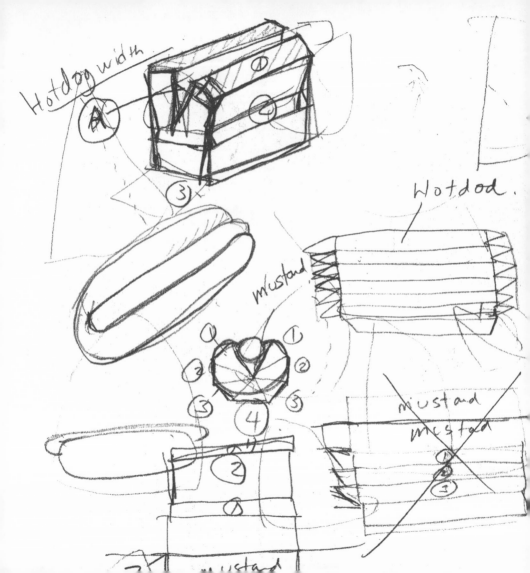

Hotdog width

Hotdod.

mustard

mustard
mustard

CUISINER LE CULTUREL :
SURVIVAL JAPANESE COOKING DE SHIÉ KASAI

TATIANA MELLEMA

La nourriture a une longue et riche histoire dans le monde de l'art, depuis les natures mortes hollandaises du XVIIe siècle, les sculptures géantes de bouffe américaine réalisées par Claes Oldenberg, jusqu'aux performances relationnelles de Rirkrit Tiravanija durant lesquelles celui-ci fait la cuisine pour les visiteurs. De nombreux artistes se sont servi des transactions culturelles aujourd'hui associées à la nourriture pour documenter les effets causés par les changements survenus dans les valeurs politiques, économiques et culturelles, tout en abordant des enjeux liés à l'origine et au déplacement[1]. Pendant des siècles, la nourriture consommée par les gens a été déterminée par des contraintes de temps et de lieu. Conjugué à la mécanisation de la production, de la conservation, de la vente au détail et du transport de la nourriture, l'accroissement du commerce et de l'exploration a donné lieu à une expansion rapide des choix et de la disponibilité culinaires[2]. *Survival Japanese Cooking*, l'installation ludique de l'artiste Shié Kasai, examine la présence du sushi au Canada comme indicateur de ce changement social. Employant comme points de départ la popularité du sushi en Amérique du Nord et les habitudes alimentaires des Canadiens, Kasai

1   Barbara Fischer, « Introduction », *Foodculture: Tasting Identities and Geographies in Art*, Barbara Fischer (dir.), Toronto, YYZ Books, 1999, p. 21.

2   Bob Ashley, Joanne Hollows, Steve Jones et Ben Taylor, *Food and Cultural Studies*, New York, Routledge, 2004, p. 93.

observe de quelle manière notre rapport à la nourriture est affecté par l'immigration et la mondialisation. Sa recherche porte sur des cuisines considérées comme étant typiquement canadienne et japonaise, en sondant l'espace urbain, la culture populaire, les habitudes alimentaires quotidiennes, les restaurants et les mets qu'ils proposent. Prises ensemble, ces pratiques dessinent une carte locale de la production alimentaire mondiale et arpentent le territoire parfois conflictuel entre la consommation quotidienne et l'identité culturelle.

De manière à explorer la traduction de la nourriture japonaise dans le contexte canadien, Kasai a photographié les restaurants de sushi qu'elle a repérés dans le quartier montréalais où elle habite. Saisissant d'abord méthodiquement vingt-sept restaurants de sushi situés sur Le Plateau, Kasai a ensuite traduit les noms de chacune de ces enseignes de restaurant en calligraphie japonaise pour déterminer le sens derrière ces choix. Les homonymes trouvés avaient des significations aussi aléatoires que « lieu », « viande hachée », « sol terreux », « jeunes » et « plante steak », alors que d'autres étaient incompréhensibles. Apposant les caractères japonais aux photographies de restaurant correspondantes, elle a ensuite cartographié chaque emplacement sur le mur de la galerie, selon leurs coordonnées approximatives dans la ville. Elle a affiché des images des spéciaux du midi de chaque restaurant, incluant des rouleaux à l'avocat, des fritures et des baguettes sous plastique. Ces photographies configurent quelque chose se rapprochant d'une collection de franchises de fast-food, comme on peut les voir un peu partout en Amérique du Nord, qui promettent des spéciaux à emporter pour aussi peu que 4,95$, tout en s'annonçant eux-mêmes comme étant « légèrement » exotiques. Dans son survol de l'ascension du sushi comme fast-food populaire dans une métropole en plein essor, Kasai présente ces restaurants comme autant de représentations inattendues de la culture japonaise, où sont servis des mets réalisés avec des ingrédients canadiens et répondant à des idéaux canadiens. Rappelant Ed Ruscha et ce qu'on pourrait appeler *Tous les restaurants de sushi du Plateau*[3], les photographies de Kasai documentent la pluralité des pratiques spatiales qui

3   Pour sa série intitulée *Every Building on the Sunset Strip* (1965), l'artiste américain Ed Ruscha a photographié, à bord de sa camionnette, tous les édifices du boulevard Sunset Strip, à Los Angeles.

composent la ville, mettant ainsi en relief les disjonctions et les conjonctions de ses cultures en fusion.

Survival Japanese Cooking découle d'une résidence dans le cadre de This Neck of the Woods à Rotterdam, où Kasai a élaboré des mets interculturels en ayant recours à des produits typiquement hollandais, telles la sauce *ketjap*[4] et la *kroket* pour remplacer les ingrédients japonais usuels[5]. Réagissant à ce qui est considéré comme étant « japonais » à Montréal, Kasai s'est engagée à créer des sushis qui étaient pareillement interculturels, incorporant cette fois-ci des produits alimentaires estimés typiquement canadiens. Un sondage réalisé auprès de cent quarante-quatre résidants montréalais lui a permis de constater que les habitudes alimentaires au quotidien brouillaient en réalité toute définition claire de ce qu'est la cuisine canadienne. Parmi les items populaires, mentionnons le fromage, l'avocat, la framboise, la mangue, la sauce soja, le beurre d'arachides et le pain, alors que les restaurants préférés des résidants étaient principalement ethniques, thaïlandais et indiens, entre autres. Combinant certaines perceptions nationalistes du Canada avec les résultats de son sondage, elle a créé des sushis en utilisant des ingrédients comme le bacon et le sirop d'érable. Kasai joue avec les représentations de l'identité nationale et de la culture grand public des Québécois et des Canadiens, en faisant des références visuelles aux restaurants Tim Hortons, aux petits déjeuners typiques à base d'œufs frits, aux vendeurs de hot-dogs, à la poutine, aux mets indiens prêts à emporter, à Noël et à l'Action de grâce. En photographiant ses sushis dans des arrangements utilisés normalement en publicité de prestige, Kasai a mis l'accent sur l'esthétique fétichisée de soi-disant mets nationaux. Poursuivant son jeu sur la marchandisation de l'exotique, Kasai a crée une série de produits dérivés qui reprennent l'image des sushis sur des T-shirts, des chapeaux et des tasses faits sur mesure, et même des figurines de bandes dessinées.

4   Il est intéressant de noter que la *ketjap* est en fait une sauce soja originaire de Java, en Indonésie, qui a été introduite en Occident par les colonisateurs hollandais au XVIIIe siècle, et qu'elle continue à être une sauce de base dans la cuisine néerlandaise.

5   Kasai a été artiste en résidence à This Neck of the Woods du 28 août au 5 septembre 2006.
http://www.thisneckofthewoods.net/neck file/shie.html

Kasai nous invite à poser un regard ludique sur ce que nous mangeons, tout en nous dévoilant subtilement les changements dans nos rapports à la nourriture qu'a entraînés la mondialisation. Selon Arjun Appadurai, la nouvelle économie culturelle mondiale est une suite complexe et disjonctive de courants qui se recoupent, en provenance de multiples univers composés de personnes et de groupes marqués par différentes positions historiques, politiques et linguistiques[6]. Dans ce monde en mouvement où les formes culturelles s'avèrent fondamentalement fractales, les traditions sont de plus en plus déterminées par des choix conscients, par la justification et par la représentation auprès de publics multiples et spatialement disloqués[7]. La popularité accrue des cuisines ethniques repose sur ce courant expansif et élaboré de biens, de gens et d'idées[8]. Divers éléments culturels puisés dans différentes cultures ont été introduits dans la société occidentale, accroissant rapidement la disponibilité d'aliments autrefois difficiles à trouver. Ces courants ont généré des processus contradictoires d'homogénéisation et de diversification dans l'industrie alimentaire, lesquels mettent en valeur le discours capitaliste sur les choix du consommateur tout en encourageant le fétichisme et la réification de l'exotique[9]. Les aliments sont écartés de leurs systèmes d'approvisionnement et font maintenant partie d'une culture de consommation générale; par ailleurs, consommer des articles étrangers se justifie par le fait qu'ils représentent les valeurs d'autres cultures.

La mise en marché du sushi comme mets authentiquement japonais sert à la fois à assimiler l'exotique et à le rejeter. Le sushi est devenu une nouvelle stratégie dans les systèmes traditionnels de distinction par lesquels des produits culturels sont intégrés à la société occidentale et récupérés comme dialogues sur la différence[10]. Comme l'a postulé Edward Said, la

6   Arjun Appadurai, « Disjuncture and Difference in the Global Cultural Economy », *Modernity at Large: Cultural Dimensions of Globalization*, Minnesota, University of Minnesota, 1996, p. 32-33.

7   *Ibid.*, p. 44.

8   Alan Warde, « Eating Globally: Cultural Flows and the Spread of Ethnic Restaurants », *The Ends of Globalization: Bringing Society Back In*, Oxford, Rowman and Littlefield Publishers, 2000, p. 300.

9   *Ibid.*, p. 314.

10   Appadurai, *op. cit.*, p. 42.

relation entre l'Occident et l'Orient, dans l'histoire, en a été une « de pouvoir et de domination : l'Occident a exercé à des degrés divers une hégémonie complexe » dans laquelle il a géré et produit l'Orient[11]. L'Orient n'est donc pas un fait naturel inerte. Plutôt, il est exprimé et maintenu au moyen d'une constellation d'idées arrêtées sur l'Orient, constellation qui « est une certaine volonté ou intention de comprendre, parfois de maîtriser, de manipuler, d'incorporer même, ce qui est un monde manifestement différent[12] ». Le sushi se retrouve en Amérique du Nord en tant que symbole imaginé d'un patrimoine japonais, dont les spécificités temporelles et spatiales sont effacées pour permettre son assimilation dans le marché mondial. Par leur consommation de versions standardisées et édulcorées de mets japonais, les Nord-Américains peuvent simultanément absorber l'exotique et le marginaliser. Le sushi est incorporé dans la vie occidentale comme faisant partie d'un cosmopolitisme élargi; toutefois, il sert également d'indice à une culture imaginée qui, en étant son Autre exotique, demeure distincte de l'Amérique du Nord. La nourriture ethnique devient un substitut pour l'expérience vécue à l'étranger, les consommateurs acquérant un capital culturel[13] convoité basé sur les constructions occidentales de la différence.

Kasai intervient sur la fétichisation de la nourriture japonaise en créant un espace qui déstabilise les prétendues identités culturelles. Jouant sur les stéréotypes culturels associés à la nourriture populaire, chaque élément de *Survival Japanese Cooking* nous encourage à examiner nos propres habitudes alimentaires. De plus, Kasai met en relief la possibilité de se prendre en main offerte par des pratiques quotidiennes, en particulier dans deux œuvres vidéo qui explorent le rapport qu'entretient l'artiste avec la nourriture. Dans l'animation intitulée

11 Edward W. Said, *L'Orientalisme. L'Orient créé par l'Occident*, trad. de l'américain par Catherine Malamoud, Paris, Éditions du Seuil, 2005 (1980), p. 18.

12 *Ibid.*, p. 25.

13 Emprunté à Pierre Bourdieu, le terme « capital culturel » se compose des connaissances, des compétences et des goûts hérités et acquis qui déterminent le niveau de distinction d'une personne dans la société. Voir Pierre Bourdieu, *La Distinction. Critique sociale du jugement*, Paris, Minuit, 1979.

Fridge, elle présente son propre réfrigérateur en juxtaposition avec des exemples idéalisés puisés dans les annonces publicitaires, alors que la vidéo *Sans titre* montre Kasai en train de consommer toutes sortes d'aliments—du sushi et de la soupe jusqu'aux pâtisseries, en passant par les asperges—à l'aide de différents ustensiles comme une fourchette, une cuillère, des baguettes, et avec ses mains. Les deux vidéos explorent une question récurrente chez Kasai, « Qu'est-ce qui rend ma bouffe canadienne à Montréal japonaise?[14] » En documentant son propre lien avec la nourriture, lien surtout influencé par son vécu à Montréal à titre d'immigrante relativement récente du Japon, Kasai révèle que l'identité culturelle est un processus constant de négociation. La nourriture fait partie d'une matrice de réalités vécues d'ordre national, culturel et personnel, plutôt que d'être le modèle fondamental d'un peuple, d'un lieu ou d'un héritage. On demande aux spectateurs de considérer la pluralité des éléments qui constituent leurs repas quotidiens, qui souvent échappent à toute classification culturelle définitive. Les repas sont en fait des sites individualisés où se croisent de nombreux aspects de la vie[15] et où sont révélés les facteurs complexes qui étayent l'identité culturelle.

En documentant les extérieurs des restaurants de sushi à Montréal et en créant d'improbables sushis canadiens à partir de stéréotypes nationaux, Kasai se moque des représentations occidentales problématiques de la culture japonaise. La nourriture exemplifie la manière dont la culture fait son entrée sur le marché mondial, gommant toutes les spécificités temporelles et spatiales, générant de façon simultanée des processus d'homogénéisation et de diversification. La construction occidentale du sushi comme symbole d'une identité japonaise imaginée illustre bien cette pratique d'altérisation qui à la fois assimile l'« Orient » et le rend exotique, de façon à conserver une position, elle aussi imaginée, de supériorité culturelle. Les croisements culinaires de Kasai jouent avec des notions de soi-disant authenticité culturelle pour nous faire voir que le sushi à Montréal en dit plus long, en fait, sur les perceptions

---

14   Shié Kasai, *Survival of Japanese Cooking Cook Book,* Montréal, 2008, p. 9. [Notre traduction.]
     http://www.shiekasai.com/aux/SJC_MAI_2008.pdf.

15   Fischer, *op. cit.*, p. 26.

canadiennes que sur les traditions japonaises. Plutôt que d'agir comme représentation continue de la culture, la nourriture fait partie d'une matrice de matériaux culturels qui sont complexes, fluides, dynamiques et de nature fractale. Le repas fonctionne comme site où souvent le quotidien perturbe ou altère les identités culturelles construites, les gens appuyant leurs choix alimentaires sur un vécu personnel plutôt qu'exclusivement, si tel est le cas, sur leurs origines. La recherche d'un point de référence culturelle solide est interrompue par les choix de vie critiques que les gens font parmi des courants mondiaux disjonctifs. À travers le jeu de *Survival Japanese Cooking*, Kasai pose un regard réfléchi sur ce que nous mangeons réellement, sur la manière dont nous mangeons, mettant ainsi en question certaines constructions traditionnelles de la différence.

COOKING THROUGH THE CULTURAL:
SHIÉ KASAI'S *SURVIVAL JAPANESE COOKING*

TATIANA MELLEMA

Food has had a rich history in art, from seventeenth-century Dutch still-life painting and Claes Oldenberg's giant sculptures of popular American food to Rirkrit Tiravanija's relational performances in which the artist cooks for gallery visitors. The cultural transactions associated with food today have been used by a number of artists to register the effects of changing political, economic, and cultural values, addressing questions of origin and displacement.[1] For centuries, the food people ate was determined by the constraints of time and place. However, with the increase in trade and exploration, in conjunction with the mechanization of the production, preservation, retailing, and transportation of food, there has been a rapid expansion of culinary choice and availability.[2] Shié Kasai's playful installation *Survival Japanese Cooking* examines sushi in Canada as an indicator of this social change. Using the recent popularity of sushi in North America and the eating habits of Canadians as her starting points, Kasai examines how our relationship to food is affected by immigration and globalization. Her research focuses on what is thought to be typical Canadian and Japanese

1 Barbara Fischer, "Introduction," *Foodculture: Tasting Identities and Geographies in Art*, edited by Barbara Fischer (Toronto: YYZ Books, 1999), 21.

2 Bob Ashley, Joanne Hollows, Steve Jones, and Ben Taylor, *Food and Cultural Studies* (New York: Routledge, 2004), 93.

cuisines by examining city space, popular culture, everyday eating habits, restaurants and their dishes. Taken together, these practices provide a local map of global food production and the sometimes conflictual terrain between daily consumption and cultural identity.

In order to explore the translation of Japanese food within the Canadian context, Kasai photographed the sushi restaurants found in her local Montreal neighborhood. First taking methodical shots of twenty-seven sushi restaurants in the Plateau, Kasai then translated the names of each restaurant sign in to Japanese script attempting to determine the meaning behind their choice. Corresponding homonyms had such random significations as "location," "minced meat," "earthen floor," "youngsters," and "beefsteak plant," while others were just plain gibberish. Recording the corresponding Japanese characters under each restaurant photograph, she then mapped each location on the gallery wall roughly according to their co-ordinates in the city. With each restaurant, she displayed images of their respective lunch specials, including rolls of avocado and fried batter alongside plastic-wrapped chopsticks. The photographs depict what looks like a collection of your average North American fast-food franchises promising take-away specials as low as $4.95, while branding themselves with a "lite" exoticism. Surveying the rise of sushi as popular fast food in a bourgeoning metropolis, Kasai reveals these restaurants as unlikely representations of Japanese culture, serving dishes packaged with Canadian ingredients and ideals. An Ed Ruscha cum *Every Sushi Restaurant on the Plateau*,[3] Kasai's photographs record the plurality of spatial practices that compose the city, highlighting the disjunctions and conjunctions of its mixing cultures.

Survival Japanese Cooking grew out of the This Neck of the Woods residency in Rotterdam during which Kasai developed cross-cultural dishes using typical Dutch products

3   For his series *Every Building on the Sunset Strip* (1965), American artist Ed Ruscha photographed every building he passed while driving in his pick-up down Sunset Strip in Los Angeles.

such as Ketjap[4] and Kroket to replace customary Japanese ingredients.[5] Responding to the understanding of what is typically considered "Japanese" in Montreal, Kasai committed herself to creating sushi that was similarly cross-cultural, this time incorporating what are thought to be characteristically Canadian food products. Surveying one hundred and fifty-four Montreal residents, she noted that their everyday eating habits in fact complicated any clear definition of Canadian cuisine. Popular items included cheese, avocados, raspberries, mangos, soy sauce, peanut butter and bread, while residents' favorite restaurants were primarily ethnic—Thai, Indian, and so on. Combining nationalistic perceptions of Canada with the results of the survey, she created Canadian sushi rolls using ingredients such as bacon and maple syrup. Kasai plays on representations of Québécois and Canadian national identity and mainstream culture, making visual references to Tim Horton's, a typical breakfast fry up, hot dog vendors, poutine, Indian take-out food, Christmas and Thanksgiving. Photographing her sushi rolls in arrangements characteristic to glossy advertisements, Kasai emphasizes the fetishized aesthetic of supposedly national dishes. Further playing on the commoditization of the exotic, Kasai included customized sushi T-shirts, hats, mugs, and even figurines of cartoon heroes.

Kasai engages viewers in a playful look at what we eat, subtly revealing our changing relationship to food in the face of globalization. According to Arjun Appadurai, the new global cultural economy is a complex, overlapping, disjunctive order of flows occurring between multiple worlds of persons and groups inflected by their historical, political, and linguistic positions.[6] In this world of flux, where cultural forms prove fundamentally fractal, traditions

4   It is interesting to note that *Ketjap* is in fact a soy sauce from Java, Indonesia that was brought to the West by Dutch colonists in the 1800s, and continues to be used as a staple sauce for cooking in the Netherlands.

5   Kasai was artist-in-residence at This Neck of the Woods from August 28 to September 5, 2006. http://www.thisneckofthewoods.net/neck file/shie.html.

6   Arjun Appadurai, "Disjuncture and Difference in the Global Cultural Economy," *Modernity at Large: Cultural Dimensions of Globalization* (Minnesota: University of Minnesota, 1996), 32-33.

have become increasingly determined by conscious choice, justification, and representation to multiple and spatially dislocated audiences.[7] The increased popularity in ethnic cuisines depends on this expanding and intricate flow of goods, people, and ideas.[8] Cultural items have been drawn from different cultures into Western society, rapidly expanding the availability of formerly hard-to-find food items. These flows have generated contradictory processes of homogenization and diversification in the food industry that enhance the capitalist discourse of consumer choice while encouraging commodity fetishism of the exotic.[9] Foods are distanced from their system of provision and have become a part of general consumer culture, while the consumption of foreign items is justified as representing the values of other cultures.

The branding of sushi as authentic Japanese food functions to both assimilate and reject the exotic. Sushi has become a new gambit for traditional systems of distinction, whereby cultural products are absorbed by Western society and repatriated as dialogues of difference.[10] As Edward Said has posited, the relationship between the West and the Orient has been throughout history one "of power, of domination, of varying degrees of a complex hegemony," whereby the West has managed and produced the Orient.[11] The Orient is thus not an inert fact of nature. Rather, it is expressed and maintained through a fixed constellation of ideas about the Orient with the "intention to understand, control, manipulate, and incorporate what is manifestly different."[12] Sushi is encountered in North America as an imagined symbol of a Japanese heritage, whose specificities of time and place are erased for its assimilation in to the global market. Through the consumption of standardized and sanitized versions of

7   Appadurai 44.

8   Alan Warde, "Eating Globally: Cultural Flows and the Spread of Ethnic Restaurants," *The Ends of Globalization: Bringing Society Back In* (Oxford: Rowman and Littlefield Publishers, 2000), 300.

9   Warde 314.

10   Appadurai 42.

11   Edward W. Said, *Orientalism* (New York: Vintage Books, 1979), 3, 5.

12   Said 12.

Japanese dishes, North Americans are able to simultaneously absorb and other the exotic. Sushi is incorporated into Western life as part of a larger cosmopolitanism, however it is also used as an index of an imagined culture that remains distinct from North America as exotic other. Ethnic food becomes a substitute for lived experience in a foreign country, consumers acquiring coveted cultural capital[13] based on Western constructions of difference.

Kasai intervenes on the fetishization of Japanese food by creating a space that destabilizes assumed cultural identities. Playing on the cultural stereotypes associated with popular food, each element in *Survival Japanese Cooking* encourages viewers to examine their own eating habits. Moreover, Kasai highlights the empowering potential of privileging everyday practices particularly in two video works that explore the artist's own relationship to food. In the animation *Fridge*, she presents the inside of her own fridge in juxtaposition with idealized examples from advertisements, while the video *Untitled* shows Kasai consuming a variety of foods ranging from sushi and soup to asparagus and pastries, and using various utensils (fork, spoon, chopsticks) and her fingers. Both videos offer explorations into Kasai's recurring question, "What makes Canadian food in my Montreal apartment Japanese?"[14] By recording her personal engagement with food that is largely influenced by her experiences of living in Montreal as a relatively recent immigrant from Japan, Kasai reveals that cultural identity is a constant process of negotiation. Food is part of a matrix of national, cultural, and personal lived realities rather than a fundamental model of a people, place, or heritage. Viewers are asked to consider the plurality of elements that constitute their daily meals, which often elude any definitive cultural classification. Meals are in fact individualized sites where numerous aspects of life intersect,[15] revealing the complex factors that underscore cultural identity.

13   Borrowed from Pierre Bourdieu, the term "cultural capital" signifies the inherited and acquired knowledge, skills, and tastes that determine a person's level of distinction in society. See Pierre Bourdieu, *Distinction: A Social Critique of the Judgement of Taste*, transl by Richard Nice (Cambridge, Mass.: Harvard University Press, 1984).

14   Shié Kasai, *Survival of Japanese Cooking Cook Book* (Montreal, 2008), 9. http://www.shiekasai.com/aux/SJC_MAI_2008.pdf.

15   Fischer 26.

By documenting the exteriors of sushi restaurants in Montreal and creating unlikely Canadian sushi rolls based on national stereotypes, Kasai pokes fun at problematic Western representations of Japanese culture. Food is used as an example of the way culture enters the global marketplace, erasing specificities of time and place, and generating concurrent processes of homogenization and diversification. The Western construction of sushi as a symbol of imagined Japanese identity exemplifies this practice of othering that both assimilates and exoticises the "Orient" in order to maintain an imagined position of cultural superiority. Kasai's culinary crossovers play on ideas of supposed cultural authenticity revealing that sushi in Montreal actually tells us more about Canadian perceptions than they do about Japanese traditions. Rather than serving as a fixed representation of culture, food is part of a matrix of cultural materials that are complex, fluid, dynamic, and fractal in nature. The meal functions as a site whereby everyday life often disturbs or undercuts constructed cultural identities, individuals basing their food choices on personal lived realities rather than exclusively, if at all, on their origins. The search for a steady point of cultural reference is trumped in the face of critical life choices people navigate amidst disjunctive global flows. By playing with food in *Survival Japanese Cooking*, Kasai takes a concentrated look at what and how we really eat, challenging traditional constructions of difference.

NOMS DE RESTAURANTS [RESTAURANT NAMES]*

YUUKAI
誘拐	un enlèvement [an abduction]
融解	fusion
幽界	un monde de fantômes [a ghost world]
有界	délimité [bounded set]

SYOTEN
商店	un magasin [a store]
焦点	focus
昇天	l'ascension [the ascension]
聖天	un dieu bouddhiste [a Buddhist god]
笑点	le nom d'une émission de télévision comique [the name of a comedy TV show]

SHIKI
式	une cérémonie [a ceremony]
四季	quatre saisons [the four seasons]
死期	la dernière heure [one's deathbed]
私記	un document personnel [a private record]
指揮	un ordre [a command]
紙器	contenants en papier [paper containers]
色	couleur [colour]
始期	début [a beginning]
士気	le moral [fighting spirit]

ICHI
	le numéro un [the number one]
位置	ou position [or location]

TATAKI
叩き	viande hachée ou un plancher de terre
三和土	[minced meat or an earthen floor]

KOTORI
>   un petit oiseau [a small bird]

YOSHI
>   peut être un prénom ou signifier « bon » [is either a person's name or means "good"]

YOKOSO
>   signifie probablement « bienvenue » [probably it means "welcome"]

WAKAMONO
>   un jeune homme [youngster]

SAKURA
>   signifie probablement « un cerisier » ou sinon, « complice (d'un vendeur) »
>   [probably it means "cherry blossoms" or otherwise "decoy"]

RAMENYA
>   d'habitude signifie un restaurant où l'on sert uniquement des nouilles (mais quelques
>   uns servent des plats d'origine chinoise comme du riz frit et des boulettes frites
>   [usually it means noodle-only restaurant (though some may serve a few Chinese
>   originated dishes such as fried rice and fried dumplings)]

SAGO
>   ce mot n'existe pas en japonais [no such word in Japanese]

ODAKI 滝
>   le texte sur l'affiche se lit comme *Taki* qui signifie une chute d'eau
>   [the sign reads as *Taki* which means waterfall]

SHISO
>   une sarriette [beefsteak plant]

* Certains noms de restaurants sont des homonymes et les intentions qui sous-tendent le choix des noms demeurent
  inconnues. Quelques significations possibles sont proposées ici par l'artiste. - Note d'Editeur
  [Some of the restaurant names are homonyms and the intentions behind the choice of these names remain unknown.
  Some possible meanings were suggested here by the artist. - Editor's Note]

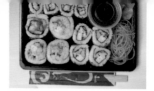

にわきくら寿司

ラーメン屋

ワオ寿司

サゴ寿司

たき

オセアン寿司

たたき寿司

アイラブ寿司

紫蘇寿司

にわさくら寿司

寿司シェフ

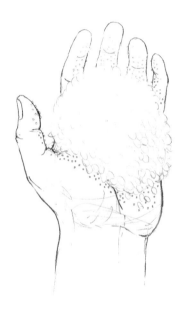

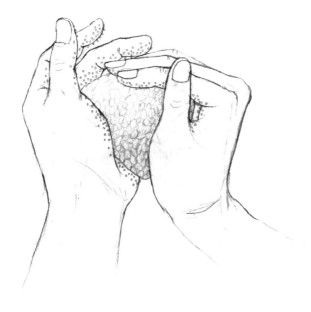

Contents

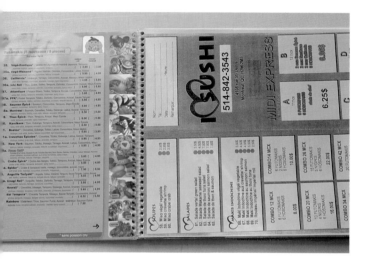

Shié Kasai

Montréal 2008

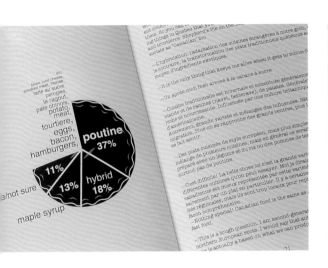

bison, curd cheese, etc.
smoked meat, moose,
tarte au sucre,
perogies,
le ragout,
pate chinois,
potato,
meat,
tourtiere,
eggs,
bacon,
hamburgers,

poutine 37%

11%

13% **hybrid 18%**

e/not sure

maple syrup

wo
en coun... you can
them. So you can... that you
ing things in Quebec that you...
and tourtiere. Shepherd's Pie on the...
sociale as "Canadian" too.

...L'hybridation, l'adaptation des cuisines étrangères à notre goût,
le contraire, la transformation des plats traditionnels québécois a...
moyen d'ingrédients exotiques.

...It is the only thing that keeps me alive when it gets to minus...

...Un après-midi bien arrosé à la cabane à sucre

...Cuisine traditionelle est hivernale et constituée généraleme...
viande et de racines (navet, betterave), de patates. Généralem...
riche et nourrissante. Influencée par une culture britanniqu...
d'américanisme.
Autrement, grande variété et mélanges des influences. Bât...
migration. Plus on se rapproche des grands centres, plus l...
se fait sentir.

...Des plats cuisinés de style européen, mais plus simple...
mélange de plusieurs cuisines, mais en général ce sera...
préparé avec un légume et du riz ou des pommes de te...
surtout pas de poutine.

...C'est difficile! La belle chose ici c'est la grande vari...
differentes cultures qu'on peut essayer. Moi je dirai...
canadienne est mieux représentée par cette variété...
sairement par un plat en particulier. Il y a certaine...
ités régionales, mais ils sont trop locaux pour rep...
façon compréhensive.

...Nothing special! Canadian food is the same as...
fast food.

...This is a tough question. I am second-genera...
northern European roots. I would say that aut...
...e is actually a based on what we can produ...

21

1

The most favorite = most consumed? = locally accessible/available? = most Montreal? = most Canadian?

Hundreds of people answered a questionnaire during the month of April 2008. It was advertised through emails, words of mouth, and also an ad in the Metro paper. By studying the results I hoped to come up with a clear idea on Canadian food. Instead, the answers reflected the complexity that is Canadian identity.

Total response= 154

canadian
73%

female
68%

non-vegetaria
85.6%

age between
30 and 44
58%

Plateau
/mile-end
residents
44%

Grille-pain Hot ...
...pour de délicieux hot d...

Un des appareils les plus amusants e originaux que vous posséderez! Le grille-pa Hot Diggity Dogger fonctionne comme grille-pain. Vous pouvez y préparer deux dogs (avec petit pain grillé) en quelc minutes. Mettez simplement deux sauc dans le panier central et les petits pains les deux ouvertures de chaque côté. Ab le levier... et les saucisses et les pains ressortent en même temps, et délicieux! L'appareil comme un gr

Bell...

Cafe Cherrier, Che... Chez... Chez...
Delite, Chao Phraya, Chez...
Gustav, Chez Jose, Cheskies, Chu...
town, Chuch, Club de Chasse et Peche, Chu...
Copacabana, La Colombe, Le Commensal, La Crêper...
Restaurant, Dusty's, Express, L'Esprit, Fairmount...
fleur, Frites Alors, Garde Manger, Hanashima, Isak...
fidele, Jardin du Cari, Jean-Talon Market, Kanda, K...
tori, Kouign Amann, Kyper Pass, Leméac, Lotus...
cuca, Mai Thai, Mali Sweets, La maison de la Se...
Ma's, La misa Portugese, La Montée de Lait, Mois...
Nui Kee, Newtown, Oishi, Old Montreal, Oran...
Ouzeri, Pad Thai at Chuisine Bangkok, La Parys...
tit Continental, Le Petit Alep, Les Petites Extra...
tol, Pois PPizzadelic, enche, Poutine, Puca Puc...
de cheval, Robin du Bois, Le Relais, Le Roi d...
Le Roi du Plateau, Rumi, Sala Rossa, Santr...
zala, Stach Cafe, Star of India, St-Hubert, S...
libre, Le Taj, La taverne, Thai, Thai Grill, T...
Tre's, Tri express, Tv breitz Valentine...
restaurant in Parc-Ex, Yuan

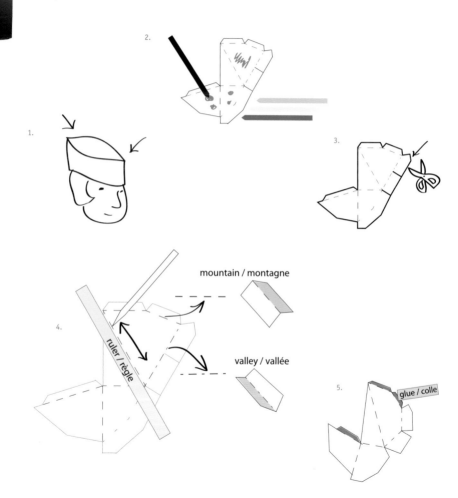

1.

2.

3.

4.

ruler / règle

mountain / montagne

valley / vallée

5.

glue / colle

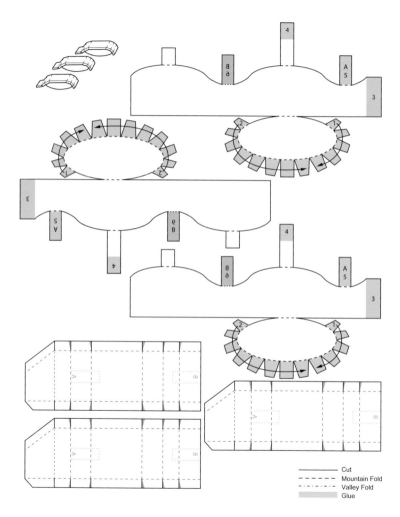

Cut
Mountain Fold
Valley Fold
Glue

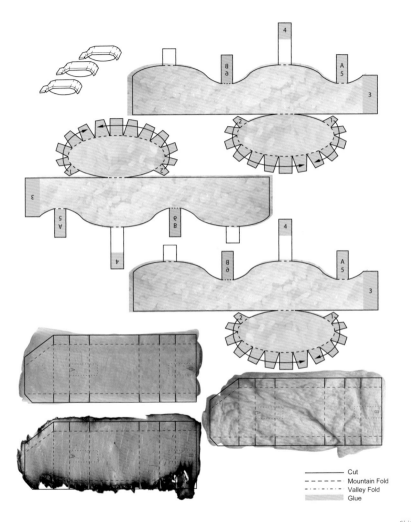

Cut
Mountain Fold
Valley Fold
Glue

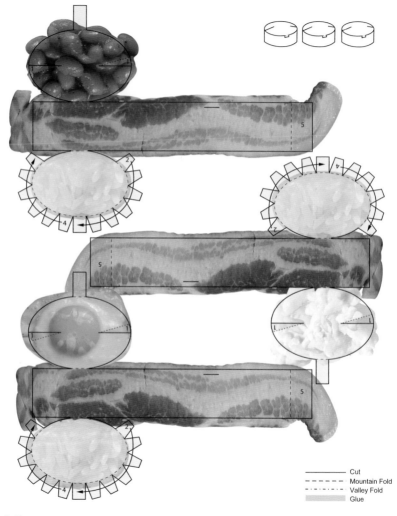

Cut
Mountain Fold
Valley Fold
Glue

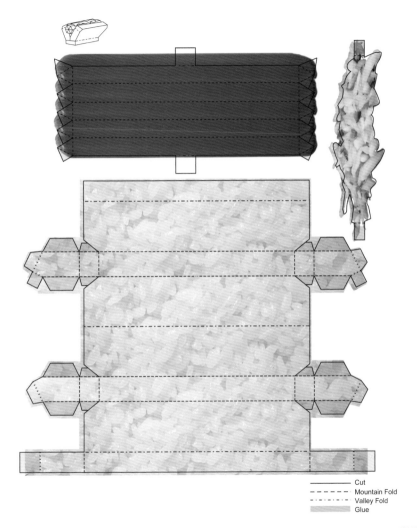

Cut
Mountain Fold
Valley Fold
Glue

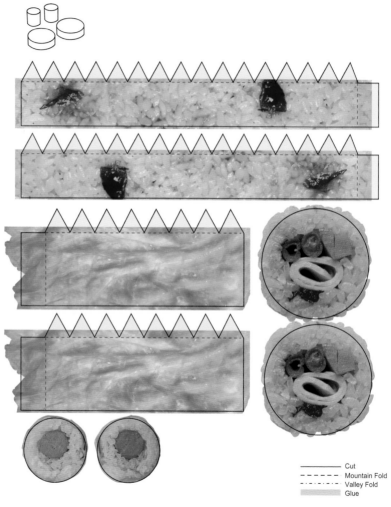

Cut
Mountain Fold
Valley Fold
Glue

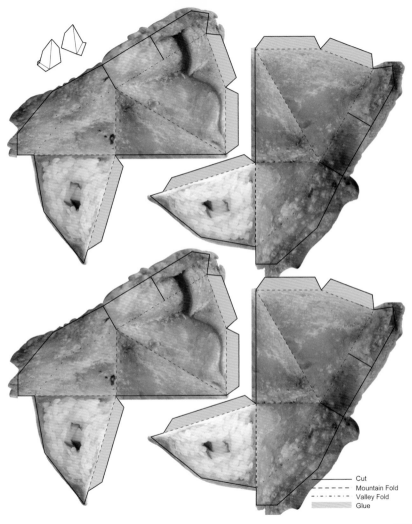

Cut
------- Mountain Fold
----·--- Valley Fold
░░░ Glue

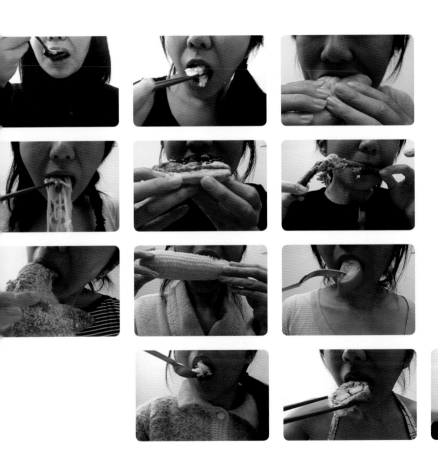

SURVIVAL JAPANESE COOKING À MONTRÉAL : SONDAGE

Les informations recueillies par ce sondage auront un impact sur ma recherche et mon projet de création. Merci de soutenir mon projet en y répondant ! Votre collaboration sera très appréciée. En répondant à ce sondage, vous courez la chance de gagner un prix.

Veuillez répondre aux questions suivantes :

1) **Quel arrondissement de Montréal habitez-vous (ou avez-vous habité) ?**
   Centre-Sud/Ville-Marie,
   Côte-des-Neiges/NDG
   Plateau-Mont-Royal/Mile-End
   Mont-Royal
   Outremont
   Verdun
   St-Henri
   Centre-Ville
   Westmount
   Hochelaga-Maisonneuve
   Rosemont/Petite-Patrie
   Villeray/Saint-Michel/Parc-Extension
   Ville Saint-Laurent
   Laval/Rive-Nord,
   Montréal-Est
   Montréal-Ouest
   Sud-Ouest

2) **Où faites-vous le plus souvent votre marché ? Nommez vos supermarchés préférés et le quartier correspondant :**
   Métro, Provigo, 4 Frères, Inter-Marché, IGA, Richelieu, Eden, Taü, Pharmaprix, Dépanneur, Dollarama, Marché Atwater, Marché Jean-Talon, Marché Maisonneuve, Marché St-Jacques, Quartier chinois

   Centre-Sud/Ville-Marie, Côte-des-Neiges/NDG, Plateau-Mont-Royal/Mile-End, Mont-Royal, Outremont, Verdun, St-Henri, Centre-Ville, Westmount, Hochelaga-Maisonneuve, Rosemont/Petite-Patrie, Villeray/Saint-Michel/Parc-Extension, Ville Saint-Laurent, Laval/Rive-Nord, Montréal-Est, Montréal-Ouest, Sud-Ouest

3) Combien dépensez-vous en alimentation par mois et par personne ?
   moins de 100$, entre 100 et 150$, entre 150 et 200$, entre 200 et 250$, entre 250 et 300$, entre 300 et 400$, 400$ et plus

4) **Combien dépensez-vous par mois et par personne dans l'achat de plats à emporter ou en repas au restaurant ?**
moins de 50$, entre 50 et 100$, entre 100 et 150$, entre 150 et 200$, entre 200 et 250$, entre 250 et 300$, plus de 300$

5) **Lequel de ces aliments consommez-vous à chaque repas ?**
pommes de terres, pâtes, pain, riz

6) **Quelles sources de protéines privilégiez-vous ? (cochez-en 3)**
Boeuf, porc, poulet, canard, agneau, dinde, viande de chèvre, viande de buffle, viande de cheval, cerf, mouton, saucisse, bacon, jambon, corned-beef, fromage, grenouille, poisson blanc, poisson à chair rouge, poisson en conserve, thon en boîte, fruits de mer, oeufs, lait, noix, fèves, tofu

7) **Indiquez vos légumes et fruits préférés (cochez les 6 principaux)**
Carotte, oignon, concombre, maïs, pomme de terre, betterave, courge, céleri, chou, épinard, tomate, brocoli, chou-fleur, aubergine, laitue, poireau, choux de Bruxelles, asperges, rutabaga, poivrons, avocat, pomme, banane, poire, prune, pêche, nectarine, raisins, cerise, melon d'eau, ananas, bleuets, framboises, canneberges, fraises, kiwi, mangue, kakis, melon, figues, orange

8) **Indiquez les condiments que vous utilisez régulièrement (cochez-en autant que souhaité)**
Vinaigre blanc, vinaigre balsamique, vinaigre de vin, vinaigre de riz, ketchup, sauce soya, sauce tabasco, sauce chile, sauce maggi, mayonnaise, moutarde, cubes de bouillon, sauce barbecue, sauce Worcester, sauce à steak, relish raifort, beurre d'arachide, sauce d'huître, choucroute, concombre mariné, olives marinées, sauce de poisson, vermouth, vin, Gochujang, kecap manis, Doubanjiang, sauce teriyaki, wasabi, miso, mirin, saké

9) **Inscrivez les aliments consommés au cours des dernières 24 heures (incluant déjeuner, dîner, souper, collations, boissons)**

10) **Quels sont vos 3 types de restaurant préférés ?** Nord-américain, sud-américain, européen, asiatique, moyen-oriental, *diner*, bistro, français, italien, mexicain, indien, méditerranéen, espagnol, portugais, chinois, coréen, vietnamien, thaï, japonais, africain

11) L'un de vos amis visite Montréal pour la première fois. Quel plat lui recommandez-vous ou à quel restaurant l'invitez-vous ?

12) Vous êtes dans un pays étranger. Une personne qui n'a jamais visité le Canada vous demande : « qu'est-ce qui représente le mieux la cuisine canadienne ? » Que lui répondez-vous ?

Quel est votre profil ?
1) Canadien(ne)/Première génération d'immigrants/Non-canadien
2) Sexe féminin/masculin
3) Non-végétarien/végétarien/végétalien
4) Âge: moins de 18 ans /18~30 ans /30~45 ans /45~65 ans /65 et plus

Le fait de remplir ce sondage vous rend éligible à un concours. Un gagnant sera contacté par courriel.

Choisissez un prix parmi les suivants :
1) Poutine gratuite à La Banquise
2) Hot-dog gratuit à La Belle Province
3) Poulet gratuit chez Saint-Hubert
4) Brownie gratuit de chez Aux Vivres

Veuillez inscrire votre adresse courriel pour participer.

Merci beaucoup !

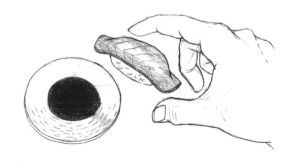

SURVIVAL JAPANESE COOKING IN MONTREAL: A SURVEY

Please support my project by filling out this survey. The collected data will reflect upon my research and art production. I greatly appreciate your time and input. By filling this survey, you are eligible to win a prize.

Please answer the following questions.

1) **If you live in Montreal (or if you have lived in Montreal before), in which neighborhood do you live?**
   Centre-Sud/Ville-Marie,
   Côte-des-Neiges/NDG
   Plateau Mont-Royal/Mile-End
   Mont-Royal
   Outremont
   Verdun
   St-Henri
   Downtown
   Westmount
   Hochelaga-Maisonneuve
   Rosemont/Petite-Patrie
   Villeray/Saint-Michel/Parc-Extension
   Ville Saint-Laurent
   Laval/Rive-Nord,
   Montréal-Est
   Montréal-Ouest
   Sud-Ouest

2) **Where do you do your groceries most often? Tell me your favorite supermarkets and their locations.**
   Métro, Provigo, 4 Frères, Inter-Marché, IGA, Richelieu, Eden, Taü, Pharmaprix, Dépanneur, Dollarama, Atwater Market, Jean-Talon Market, Marché Maisonneuve, Marché St-Jacques, Chinatown

   Centre-Sud/Ville-Marie, Côte-des-Neiges/NDG, Plateau Mont-Royal/Mile-End, Mont-Royal, Outremont, Verdun, St-Henri, Downtown, Westmount, Hochelaga-Maisonneuve, Rosemont/Petite-Patrie, Villeray/Saint-Michel/Parc-Extension, Ville Saint-Laurent, Laval/Rive-Nord, Montréal-Est, Montréal-Ouest, Sud-Ouest

3) **How much do you spend on your monthly groceries (per person)?**
   less than $100, $100 to 150, $150 to 200, $200 to 250, $250 to 300, $300 to 400, $400 and more

4) **How much do you spend on take out /eat out food (per person)?**
less than $50, $50 to 100, $100 to 150, $150 to 200, $200 to 250, $250 to 300, $300 and more

5) **If you had to choose one, what would you like to have at every single meal?**
potato, pasta, bread or rice

6) **Choose the protein sources you like the most (top 3).**
Beef, pork, chicken, duck, lamb, turkey, goat, buffalo, horse, deer, sheep, sausage, bacon, ham, corned beef, cheese, frog, white fish, red/pink fish, canned fish, tuna can, seafood and shellfish, eggs, milk, nuts, beans, tofu

7) **Choose the vegetables and fruits you like the most (top 6).**
Carrot, onion, cucumber, corn, potato, beets, squash, celery, cabbage, spinach, tomato, broccoli, cauliflower, eggplant, lettuce, leeks, Brussel sprouts, asparagus, turnips, peppers, avocado, apples, banana, pears, prune, peach, nectarine, grapes, cherry, watermelon, pineapple, blueberries, raspberries, cranberries, strawberries, kiwi, mango, persimmon, melon, figs, orange

8) **Select which condiments you always keep in your cupboards (choose as many as you want).**
White vinegar, balsamic vinegar, wine vinegar, rice vinegar, ketchup, soysauce, tabasco, chili sauce, maggi, mayonnaise, mustard, soup cubes, barbecue sauce, Worcester sauce, steak sauce, relish, horseradish, peanut butter, oyster sauce, sauerkraut, pickled cucumber, pickled olive, fish sauce, vermouth, wine, Gochujang, kecap manis, Doubanjiang, teriyaki sauce, wasabi, miso, mirin, sake

9) **Please describe what you remember eating in the last 24 hours (including breakfast, lunch, dinner, snacks, drinks).**

10) **What kinds of restaurant do you like the most (top 3)?**
North American, South American, European, Asian, Middle Eastern, Diner style, Bistro, French, Italian, Mexican, Indian, Mediterranean, Spanish, Portugal, Chinese, Korean, Vietnamese, Thai, Japanese, African

11) **Your friend is visiting Montreal for the first time. Which food would you recommend her/him to try, or to which restaurant would you take her/him?**

12) **You are in a foreign country. You meet someone who's never visited Canada. S/he asks you, "What is an authentic Canadian food?" How would you answer**?

Tell me about your background:
1) Canadian / Immigrant-first generation / Non-Canadian
2) Female / Male
3) Non-Vegetarian/ Vegetarian / Vegan
4) Age: below 18 / 18~30 / 30~45 /45~65 / 65 and up

Choose your prize. Upon filling this survey you are eligible for one of the following prizes. One winner will be notified by email.
1) Free Poutine at La Banquise
2) Free hotdog at La Belle Province
3) Free chicken at Saint-Hubert
4) Free brownie from Aux Vivres

Please leave your email address in case you like to be notified for the prize.

Thank you very much!

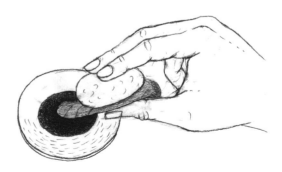

QUELQUES RÉPONSES [A FEW ANSWERS]*

Q: What is authentic Canadian food?

› If we're able to communicate well, I'd say that there is no real Canadian food and Canadians just eat stuff they like from other countries. If communication is tough I'd say Timbits and maple syrup.

› I faced this question when I lived and taught English in Japan. I would say, Canada is made up a mixture of people from many different countries, who have all brought their traditions and recipes with them. So you can eat almost anything in Canada. But some interesting things in Quebec that you can't find everywhere else are poutine and tourtierre. Shepherd's Pie on the English side is something I associate as "Canadian" too.

› L'hybridation, l'adaptation des cuisines étrangères à notre goût, et le contraire, la transformation des plats traditionnels québécois au moyen d'ingrédients exotiques.

› It is the only thing that keeps me alive when it gets to minus-forty.

› Un après-midi bien arrosé à la cabane à sucre.

› Cuisine traditionelle est hivernale et constituée généralement de viande et de racines (navet, betterave), de patates. Généralement riche et nourrissante. Influencée par une culture britannique teintée d'américanisme.   Autrement, grande variété et mélanges des influences. Bâtie sur l'immigration. Plus on se rapproche des grands centres, plus la diversité se fait sentir.

* Les réponses présentées ici sont en version originale sans corrections. - Note d'Éditeur
  [All answers are presented here in their original versions without correction. - Editor's Note]

> Des plats cuisinés de style européen, mais plus simples: c'est une mélange de plusieurs cuisines, mais en général ce serait une viande préparé avec un légume et du riz ou des pommes de terre. je ne parle surtout pas de poutine.

> C'est difficile! La belle chose ici c'est la grande variété de mets de différentes cultures qu'on peut essayer. Moi je dirais que la cuisine canadienne est mieux représentée par cette variété, et pas nécéssairement par un plat en particulier. Il y a certainement des spécialités régionales, mais ils sont trop locaux pour représenter le pays de facon compréhensive.

> Nothing special! Canadian food is the same as American food, bad fast food.

> This is a tough question. I am second-generation Canadian with northern European roots. I would say that authentic Canadian cuisine is actually a based on what we can produce in this country - salmon, artisanal cheese from Quebec and British Columbia, wine from Nova Scotia, BC and Ontario, duck, geese, bison, smoked meat (best from anywhere in North America), best bagels, wild rice and fiddleheads. We are still a young country and it was built on immigrants from around the world, beginning with the French and British. By mid-1800's immigrants from Europe were arriving on a regular basis and bringing their own foods and cooking techniques. Our cuisine has really changed just in the last thirty years with fresh (instead of canned) fruits and vegetables and access to products from around the world.

> Salmon with a ginger-lemon-maple syrup marinade on a cedar plank

> It depends on where you are in Canada. It is a very big country!

> We don't have one- I suppose a traditional turkey dinner. If you,re Quebecoise – poutine.

> Since we try so hard to be multi-cultural, I think that the crazy mix of food from all over the world and their availability all over Montreal is our authentic Montreal food situation. Other than that, I guess French Canadian food. Crétons tabarnac!

> La cuisine traditionnelle des Canadiens Français est le porc, cuit au four ou possiblement l'agneau chez les anglophones.

> I'd say "It depends where in Canada you are. Because Canada is made up of mostly immigrants, so you can kind of get anything, but depending on the city you are in, some things are better than others." I would cite 'Montreal

Smoked Meat' as specific to Montreal, but I'd have to say that the most Canadian Food is Maple Syrup, which I cannot live without. The best thing about living in Montreal is that you can get cans of REAL maple syrup at almost any depanneur, and more cheaply than anywhere else in the world. I usually bring a can along with me when I visit other countries as a gift. My family is from the Netherlands, and Maple Syrup is very well received there, because they eat a lot of pancakes, but mostly with a cane sugar or beet sugar syrup, so maple syrup is a delicacy.

› No such thing. Diverse cultures, therefore diverse foods.

› Je trouve que la cuisine canadienne n'a pas une identité très définie. soit des plats cuisinés tradionnels à plusieurs cultures (ragoût, tourtière, soupe au poids, porc...) ou, maintenant, du fast food.

› I would first say that there is much regional diversity that is very specific to the local culture. Impossible to generalize. If I had to say, it would be wild meat - moose, deer, partridge; and fish - pickeral, trout, salmon; in Quebec, tourtiere.

› C'est une cuisine principalement influencé par les cuisine paysanes de l'angleterre et de la france. La plupart des plats typique sont des emprunts qui ont été modifier pour les ingrédients disponible ici, dépendant de la région. Les maritimes et la côte ouest ayant des bases de poissons et fruit de mer plus important, par exemple. Le Québec a une influence française plus importante.

› It depends where you live. for some, it's alberta beef, for others, it's anything with maple syrop. we are such a diverse country that it's difficult to choose one food that is characteristic of our nation. i think canadian food can be anything you want it to be, especially in montreal.

› Chinese Canadian

› Pour la cuisine canadienne en général, c'est de la cochonnerie. C'est loin d'être santé et c'est un peu n'importe quoi. C'est comme de la cuisine canadienne. Personne est capable de vraiment répondre à la question! MAIS pour ce qui est de la cuisine retrouvée au

Canada, c'est une autre histoire. C'est la meilleure cuisine au monde car le Monde se retrouve ici. On a la chance de gouter à tous les pays sans voyager et c'est ce qu'il y a de mieux!

› I would answer that Canada doesn't have an authentic cuisine like most countries. Instead, Canada's cuisine is a successful illustration of the multicultural ideal - it is authentic and advisable in Canada to sample broadly from all the cultures that are found in Canada.

› Hot dogs.

› Canadian food is less varied than American food. Having visited other parts of Canada, the food choices we have in Montreal are not widely available in English Canada. I think Canadian food, outside of the largest urban centres, is alot of 'stodgy' fair, still alot of meat and potatoes and fat generally. I think Canadian food is representative of the fact that Canadians are alot poorer than its government believes them to be and cannot in many cases afford more interesting or healthy foods (i.e. organic, fair trade, 'exotic', etc.)

› I would say that i don't know how to answer that question. I would say that I'm a third generation immigrant from Scotland so i grew up with a specific type of food that some people might say is 'Canadian' but i would never say that. I have many other third generation friends who grew up with completely different cuisines. But I would probably mention that the place of my birth, nanaimo, *is* also the birthplace of the world famous nanaimo bar.

› Kraft dinner, Ginger beef, poutine - I'd tell them it's very mixed and people eat everything and really like to interpret things (ie. fusion food).

› There is no such thing. I usually tell them that "meat and potatoes" is the norm for most average Canadians, as well as typical "American" food of pizza and burgers. But I also tell them that people here eat all types and nationalities of food.

› Cuisine traditionelle est hivernale et constituée généralement de viande et de racines (navet, betterave), de patates. Généralement riche et nourrissante. Influencée par une culture britannique teintée d'américanisme. Autrement, grande variété et mélanges des influences. Bâtie sur l'immigration. Plus on se rapproche des grands centres, plus la diversité se fait sentir.

› I'd make a joke about Tojo inventing the California roll and quickly try to change the subject.

> I would say that there is no authentic Canadian food. I would say that the only authentic food in Canada exists in Quebec and that it is really Authentic Quebecois food. I would say it was Poutine, and ham, and maple syrup, and baked beans, and maybe some kind of game meet like Caribou or Deer or something.

> La bouffe au Quebec est tres varié, ons peut trouver beaucoup de differente style de cuisine, qui est excellent. Mais en tant que vegetarienne, ce n'est vraiement pas aussi bon que Toronto, qui est difficile d'admettre, parce que Montreal est certainement plus interessante.

> Canada doesn't really have authentic Canadian food--it's a bit of a mish mash. Some areas like Quebec have poutine, and there's bannock bread that's made by natives, but since Canada (the nation) is so new, its food often reflects a mixture of cultures. If you visit metropolitan cities, you can see the diversity of cultures reflected in the diversity of restaurants.

> I would say we have a variety of everything but I would also say you have to have poutine and a beavertail, and try some Canadian ice wine.

> La cuisine à Montréal a des influences très américaines avec le fast-food et la consommation de beaucoup de viandes. Mais il y a une influence francaise avec la cuisine bistro et les restaurant plus dispendieux représente bien cette tendance. De plus, on retrouve de plus en plus les produits du terroir.

> La cuisinne d'hiver, donc assez gras, simple pour nourrir beaucoup de personne.

> Qu'il n'y a pas vraiment de cuisine canadienne, que chez nous la cuisine est hybride. Chez moi je cuisine tantôt à la française, tantôt asiatique, tantôt indien, etc. Et qu'à Montréal on peut trouver d'excellents restos de toutes origines.

> Fusion of everything mixed together or meats and potatoes.

> Mali Sweets

> Les déjeuners québécois (oeuf, bacon, laitue, saucisse, tomate, roti, beans sucré, sirop d'érable, pain doré, cretons)

> Well, in Quebec, Poutine! There's also 'pate chinois' (not edible without a quantity of Tabasco). Quebeckers are great with desserts, but they can be too sweet for me: tarte au sucre, all sorts of things with maple syrup. Authentic Canadian food means different things in different parts of Canada.

> Poutine in quebec, otherwise I have no idea... seals?

> Cooking up lots of root vegetables. Chicken. Dishes with lots of other cultures mixed in.

> Ribs au sirop d erabl, viande de caribou

LIST OF WORKS [LISTE DES OEUVRES]

Pages 38-39
Sushi Takeouts within 30-Minute Walking Distance, 2008
impression chromogène [chromogenic prints]

Midi Express
20.32 cm x 25.40 cm, chacune [8" x 10" each]
Sushi Stores
20.32 cm x 30.48 cm, chacune [8" x 12" each]

Pages 42-47
Sushi Takeouts within 30-Minute Walking Distance, 2008

Pages 48-51
Survival Japanese Cooking
vues d'installation au MAI
[installation views at the MAI]

Pages 52-53
Tabagie – *Mugs, T-shirts, Caps*, 2008

Page 54
Tabagie – *Mugs, Prototypes*, 2008

Page 55
Prototypes, 2008
matériaux mixtes [mixed media]
3.81 cm x 3.81 cm x 7.62 cm chacune [1.5" x 1.5" x 3" each]

Page 56
Québec vs Canada, 2008
impression chromogène, 60.96 cm x 76.20 cm
[chromogenic prints, 24" x 30"]

Page 57
Lafleur Hot-dog, 2008
impression chromogène, 60.96 cm x 76.20 cm
[chromogenic prints, 24" x 30"]

Page 58
Cabane à sucre, 2008
impression chromogène, 60.96 cm x 76.20 cm
[chromogenic prints, 24" x 30"]

Page 59
Bûche de Noël, 2008
impression chromogène, 60.96 cm x 76.20 cm
[chromogenic prints, 24" x 30"]

Page 60
Tim's, 2008
impression chromogène, 60.96 cm x 76.20 cm
[chromogenic prints, 24" x 30"]

Page 61
Everybody's favourite restaurant is Indian and then Japanese or Thai, 2008
impression chromogène, 60.96 cm x 76.20 cm
[chromogenic prints, 24" x 30"]

Page 63
Horn of Plenty, 2008
impression chromogène, 60.96 cm x 76.20 cm
[chromogenic print, 24" x 30"]

Page 64-65
vue de l'installation au MAI
[installation view at the MAI]

Page 66
Condiments, 2008
impression jet d'encre, 60.96 cm x 142.24 cm
[inkjet print, 24" x 56"]

Page 67- 68
Condiments, 2008
Peanut Butter Variations, 2008
gouache et acrylique sur panneaux en bois, dimensions variables
[gouache and acrylic medium on wood panels, variable dimensions]

Page 69
Pies, 2008
impression jet d'encre, 96.52 cm x 96.52 cm
[inkjet print, 38" x 38"]

Page 72-75
SUSHI, 2008
24 menus pour repas à emporter, couverture souple,
21.59 cm x 27.94, détails
[24 take-out menus, soft cover, 8.5" x 11", details]

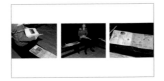

Pages 76-77
vues d'installation au MAI
[installation views at the MAI]

Pages 78-85
Survival Japanese Cook Book, 2008, extraits [excerpts]
couverture souple, 15.24 cm x 22.86 cm [soft cover, 6" x 9"]
www.shiekasai.com/aux/SJC_MAI_2008.pdf

Pages 86-87
Dining Room, 2008
vues d'installation au MAI [installation views at the MAI]
assiettes usagées, étagères, table, nappe, ciseaux, colle,
règles, planche à découper, pince fine, couteaux Exacto,
crayons, modèles imprimés sur papier, chapeaux de
cuisinier en papier
[used plates, plate rails, table, table cloth, scissors, glue,
rulers, cutting board, tweezers, Exacto knives, pencil
crayons, printed paper models, paper chef hats]

Pages 88-89, 91
Dining Room, 2008, détail [detail]
16 assiettes usagées, peinture à céramique
[16 used plates, ceramic paint]

Page 90
esquisses pour les assiettes [sketches for plates]

Pages 92-95, 97
Make Your Own Sushi, 2008
sushis créées par les participants
[sushi created by participants]

Page 96
directions pour ***Make Your Own Sushi***
[directions for ***Make Your Own Sushi***]

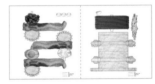

Pages 98 – 103
Paper Models, 2008
impression jet d'encre [Ink jet print]
60.96 cm x 91.44 cm, chacune
[24" x 36", each]

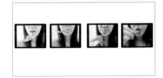

Pages 104-107
Untitled, 2008, vidéogrammes [video stills]
vidéo, 41 minutes, boucle
[video, 41 minutes, loop]

Pages 38-132
Fridge, 2008, vidéo, 1 minute, boucle (vidéogrammes)
[video, 1 minute, loop (videostills)]

Photographies de l'exposition : Guy L'Heureux à l'exception des pages 14-15, 72-75, 78-81, 92-93 (1ère & 2e photos).
Illustrations de *Survival Japanese Cook Book* (2008) : pages 1, 4, 37, 70-71 & 82-83.
[Exhibition photographs: Guy L'Heureux except for pages 14-15, 72-75, 78-81, 92-93 (1st & 2nd photos).
Illustrations from *Survival Japanese Cook Book* (2008): pages 1, 4, 37, 70-71 & 82-83.]

NOTES BIOGRAPHIQUES

SHIÉ KASAI est une artiste en arts visuels qui travaille en sculpture, installation et animation. Originaire de Sapporo au Japon, elle vit à Montréal depuis 1998. Elle a présenté des expositions solo au MAI (Montréal, 2008), à la galerie Articule (Montréal, 2006) et à la Galerie 101 (Ottawa, 2004). Elle a également participé dans les expositions de groupe au Japon, aux Pays-Bas et au Canada. Récipiendaire de la Bourse de création en nouveaux médias pour jeunes artistes offerte par la Caisse populaire Desjardins du Mont-Royal, elle a crée *P2P (Peer to Painting)* à la galerie OBORO en 2009. Elle a aussi reçu du financement du Conseil des arts du Canada et du Conseil des arts et des lettres du Québec pour ses projets. Elle a complété son baccalauréat en beaux arts à l'Université d'éducation de Hokkaido à Sapporo (1997) et sa maîtrise en beaux arts à l'Université Concordia à Montréal (2002). Shié Kasai est une artiste présentée sur CBC ARTSPOTS. **www.shiekasai.com**

Brésilienne d'origine, **PATA MACEDO** est graphiste et enseignante. Elle habite présentement à Montréal où elle a son propre atelier de design graphique depuis 2001. Ses projets se concentrent principalement dans les secteurs culturels et pédagogiques, et ses clients incluent des musées, des organismes artistiques à but non lucratif, des instituts académiques de recherche ainsi que des artistes indépendants. Depuis 2003, elle est chargée de cours au département de Design and Computation Arts de l'Université Concordia où elle enseigne les concepts de base des arts graphiques, le design des livres et la typographie.

TATIANA MELLEMA est une écrivaine et commissaire de Toronto. Elle a reçu sa maîtrise en histoire de l'art de l'Université Concordia à Montréal et travaille présentement au Banff Centre en tant que Coordonnatrice des résidences créatives au Département des arts visuels. Elle a travaillé auparavant au YYZ Artists' Outlet, au Power Plant, à l'InterAccess Electronic Media Arts Centre, au Mercer Union, et au Musée des beaux-arts du Canada. Elle a publiée dans *Canadian Art*, *C Magazine*, *PIVOT* ainsi que dans de nombreuses brochures et catalogues d'exposition. Sa pratique explore la relation entre la performance, l'espace et le quotidien dans l'art contemporain.

COLETTE TOUGAS œuvre dans le domaine de l'édition, à titre de traductrice, de rédactrice, de coordonnatrice de production ou d'éditrice. Depuis plus de vingt-cinq ans, elle évolue dans différents milieux culturels du Québec et du Canada, particulièrement en arts visuels. Elle est l'auteure de plusieurs textes sur l'art, a agi à titre de commissaire d'exposition et a été membre de différents conseils d'administration et comités consultatifs. Elle a oeuvré pendant plus de vingt ans à la revue d'art contemporain *Parachute*.

BIOGRAPHICAL NOTES

SHIÉ KASAI is a visual artist working in sculpture, installation, and animation. Originally from Sapporo, Japan, she has been living in Montréal since 1998. She has presented solo exhibitions at the MAI (Montréal, 2008), Articule (Montréal, 2006), and Gallery 101 (Ottawa, 2004), and been featured in group exhibitions in Japan, the Netherlands, and Canada. Recipient of the 2008 New Media Production Grant for Young Artists sponsored by the Caisse Populaire Desjardins du Mont-Royal, she created *P2P (Peer to Painting)* at OBORO Gallery in 2009. Her work has been funded by the Canada Council for the Arts and the Conseil des arts et des lettres du Québec. She completed her BFA at the Hokkaido University of Education in Sapporo (1997) and her MFA at Concordia University in Montreal (2002). Shié Kasai is a profiled artist for CBC ARTSPOTS. **www.shiekasai.com**

Currently based in Montreal, PATA MACEDO is a graphic designer and educator originally from Brazil. She founded her own design studio in 2001. Her practice focuses on developing a wide range of graphic design projects in the cultural and educational sectors. Her clients include museums, not-for-profit arts organizations, academic research institutes, and independent artists. Since 2003, she is a member of Concordia University's part-time faculty in the Design and Computation Arts Department where she teaches design fundamentals, book design, and typography.

TATIANA MELLEMA is a writer and curator from Toronto. She received her M.A. in Art History from Concordia University in Montréal and currently works at The Banff Centre as the Visual Arts Department's Program Manager of Creative Residencies. She has held positions at YYZ Artists' Outlet, The Power Plant, InterAccess Electronic Media Arts Centre, Mercer Union, and the National Gallery of Canada. She has published in *Canadian Art*, *C Magazine*, *PIVOT*, as well as in a number of exhibition brochures and catalogues. Her practice explores the relationship between performance, space, and the everyday in contemporary art.

COLETTE TOUGAS works in publishing as translator, writer, coordinator, or editor. For over twenty-five years, she has worked in various cultural milieus in Quebec and Canada. She is author of several texts on art, exhibition curator, and member of various boards of directors and consulting committees. She worked for more than twenty years for the contemporary art magazine *Parachute*.

Publication pour l'exposition *Survival Japanese Cooking* de Shié Kasai tenue au MAI (Montréal, arts interculturels) du 13 novembre au 13 décembre 2008
Publication for the exhibition *Survival Japanese Cooking* by Shié Kasai presented at the MAI (Montréal, arts interculturels) from November 13 to December 13, 2008

ÉDITEUR [PUBLISHER]

MAI (Montréal, arts interculturels)
3680, rue Jeanne-Mance, #103, Montréal, QC H2X 2J5 Canada
Téléphone [Telephone] 514-982-1812   Télécopieur [Facsimile] 514-982-9091
Courriel [E-mail] info@m-a-i.qc.ca   Site web [Website] www.m-a-i.qc.ca

COLLABORATEURS [COLLABORATORS]

Coordination de la publication [Publication Coordination] **ZOË CHAN**
Conception graphique [Graphic Design] **PATA MACEDO** www.patamacedo.com
Essai [Essay] **TATIANA MELLEMA**
Traduction des textes de Tatiana Mellema et de Zoë Chan
[Translation of texts by Tatiana Mellema and Zoë Chan] **COLETTE TOUGAS**
Révisions [Revisions] **ZOË CHAN, MIRUNA OANA, MARK CLINTBERG, VÉRONIQUE MOMPELAT**
Impression [Printing] **L'EMPREINTE**
Photographies de l'exposition [Photographs of the Exhibition] **GUY L'HEUREUX, SHIÉ KASAI**

Dépôt légal [Legal Deposit] 2010
Bibliothèque nationale du Québec
Bibliothèque nationale du Canada [National Library of Canada]
ISBN : 978-2-9809292-4-3